As maravilhas da água

PHILIP BUNTING

Tradução: Lígia Azevedo

BRINQUE·BOOK

Copyright do texto e das ilustrações © 2022 by Philip Bunting
Philip Bunting afirma seus direitos morais enquanto autor e ilustrador desta obra.

Publicado originalmente em 2022 por Omnibus Books, um selo da Scholastic Australia Pty Limited, sob o título *The marvellous manner of water*.
Esta edição foi publicada mediante acordo com a Scholastic Australia Pty Limited.

Grafia atualizada segundo o Acordo Ortográfico da Língua Portuguesa de 1990, que entrou em vigor no Brasil em 2009.

Revisão: Fernanda França e Bonie Santos
Composição: Mauricio Nisi Gonçalves

Dados Internacionais de Catalogação na Publicação (CIP)
(Câmara Brasileira do Livro, SP, Brasil)

Bunting, Philip
    As maravilhas da água / Philip Bunting ; [ilustração do autor] ; tradução Lígia Azevedo. — 1ª ed. — São Paulo : Brinque-Book, 2023.

    Título original: The marvellous manner of water.
    ISBN 978-65-5654-038-2

    1. Água - Literatura infantojuvenil I. Azevedo, Lígia. II. Título.

22-136654   CDD-028.5

Índices para catálogo sistemático:
1. Água : Literatura infantil 028.5
2. Água : Literatura infantojuvenil 028.5

Aline Graziele Benitez – Bibliotecária – CRB-1/3129

Todos os direitos desta edição reservados à
BRINQUE-BOOK EDITORA DE LIVROS LTDA.
Rua Bandeira Paulista, 702, cj. 72C
04532-002 – São Paulo – SP – Brasil
☎ (11) 3707-3500
🔗 www.brinquebook.com.br
🔗 www.companhiadasletras.com.br/brinquebook
🔗 www.blog.brinquebook.com.br
▪ /brinquebook
▪ @brinquebook
▪ /Tv Brinque-Book

A marca FSC® é a garantia de que a madeira utilizada na fabricação do papel deste livro provém de florestas que foram gerenciadas de maneira ambientalmente correta, socialmente justa e economicamente viável, além de outras fontes de origem controlada.

Esta obra foi composta em Apercu e French Fries e impressa pela Gráfica HRosa em ofsete sobre papel Alta Alvura da Suzano S.A. para a Editora Brinque-Book em janeiro de 2023.

TUDO FLUI.
HERÁCLITO

AGRADECIMENTO: GOSTARIA DE EXPRESSAR MEU RECONHECIMENTO AOS POVOS ORIGINÁRIOS DA TERRA EM QUE VIVO
E TRABALHO E PRESTAR REVERÊNCIA À NAÇÃO GUBBI GUBBI, EXTENSIVA AOS SEUS DESCENDENTES.
PHILIP BUNTING

Já notou que você é um pouquinho molenga?
Isso porque mais da metade do seu corpo é água!
Toda a vida na Terra — das baleias-azuis às bactérias,
dos eucaliptos a você — depende dela. A água flui
por todos nós, e sem ela não estaríamos aqui.

Cerca de 95% da água-viva é água...

... assim como uma bala de gelatina. *Nham!*

Uma batata tem aproximadamente 80% de água.

Cerca de 75% do seu cérebro é água...

... que é (ou era) a mesma porcentagem de água desta banana.

Árvores também são 75% água.

Bactérias, uns 70%.

Somos 60% água. Mais ou menos.

Cerca de 3% do gelo da Antártida é xixi de pinguim.

Este livro contém até 10% de água!

À primeira vista, a água pode parecer meio *nhé*,
pff ou até *blé*.

Não tem cor, não tem gosto, não conta piada
nem tem cheiro...

Vamos ver em detalhes. Nos *mínimos* detalhes. Todos os corpos de água — uma nuvem, um floco de neve ou mesmo um oceano — são compostos de partezinhas minúsculas, chamadas moléculas.

Uma molécula de água é feita de três partes ainda menores: dois átomos de hidrogênio e um átomo de oxigênio.

Deve ter cerca de

1.500.000.000.000.000.000.000

(1,5 sextilhão!) de moléculas de água em uma gota deste tamanhinho:

H₂Opa.

Graças às suas muitas moléculas maravilhosas,
a água pode existir nestes três estados:

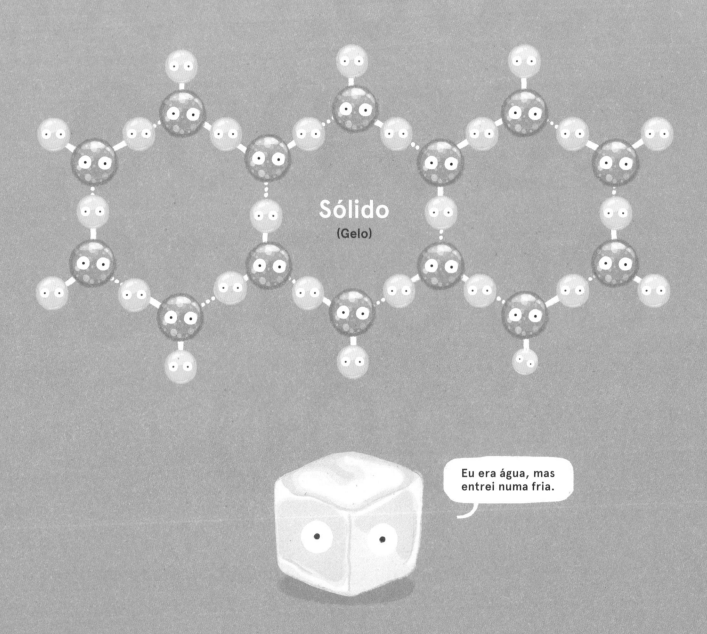

Sólido
(Gelo)

Eu era água, mas entrei numa fria.

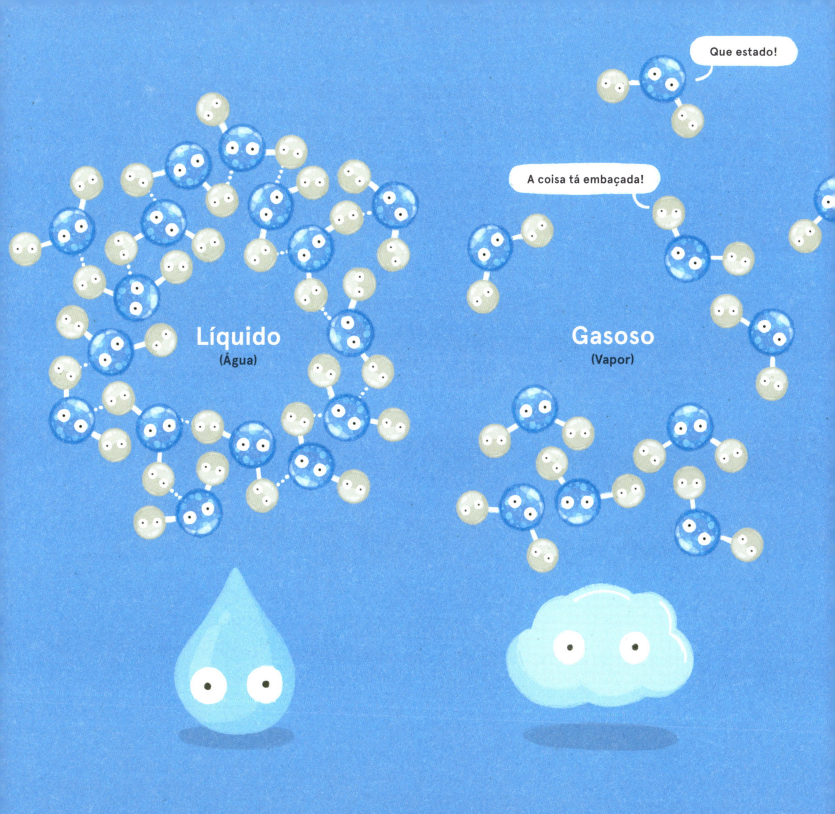

Aqui na Terra, tem água líquida em praticamente toda parte. Para a nossa sorte, o planeta está em uma zona habitável, que não é quente demais nem fria demais. Um ambiente perfeito para que a água possa existir em sua forma líquida.

Quente demais!

Frio demais!

Mercúrio
Nada de água líquida por aqui. Mercúrio fica muito perto do Sol.

Vênus
Nada de água líquida por aqui também (475°C ainda é quente demais).

Terra
A água cobre cerca de 71% da superfície do nosso lindo planeta azul.

Marte
Há água congelada nos polos e talvez haja lagos subterrâneos!

Frio mais que demais.

Júpiter
Não tem água aqui. Esse gigante gasoso é quase todo hidrogênio e hélio.

Saturno
Aqui também não tem água, embora muitas das 82 luas de Saturno sejam compostas principalmente de água congelada.

Urano
O planeta mais fedido de todos é constituído de água congelada, metano e amônia.

Netuno
Esse gigante congelado tem montes de gelo, mas não tem água líquida.

Mas por que tem tanta água na Terra?

A maior parte das moléculas de água existe desde a formação do planeta. Por obra do acaso, estavam na nuvem de poeira que viria a se tornar nosso sistema solar.

Atchim!

Mais tarde, outras moléculas de água vieram para a Terra de carona em cometas congelados.

Depois que chegaram aqui, elas não conseguiram sair. As mesmas moléculas de água circulam pelo nosso mundo há bilhões de anos.

Então, embora à primeira vista a água de um copo
possa parecer meio *nhé*, *pff* ou até *blé*,
não é que simplesmente ela tenha brotado
no lago mais próximo a você.

A água do seu copo se formou bilhões de anos atrás...
no espaço!

Esse suco espacial espetacular ajuda a controlar a temperatura da Terra. As correntes marítimas levam a água quente para longe da linha do equador, mantendo as temperaturas ideais para que a vida se desenvolva por todo o nosso precioso planeta.

Cerca de 97% da água na Terra é salgada e, portanto, não pode ser bebida.

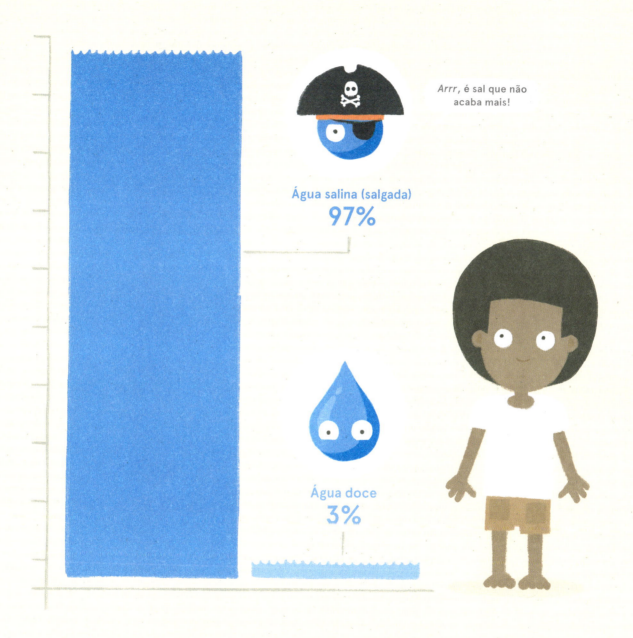

A água doce de que todos dependemos existe graças a um fenômeno conhecido como ciclo da água.

Seja subindo depressa na atmosfera ou descendo devagar um rio, as moléculas de água fluem constantemente de um estado ou lugar para outro. A água está sempre em movimento, sempre em processo de transformação.

Evaporação
O calor do Sol transforma a água líquida em gás, que sobe na atmosfera.

Você e eu
Toda vida animal é parte do ciclo da água. Devolvemos água ao ciclo através de excrementos (xixi e cocô), respiração e transpiração (suor). Até mesmo suas lágrimas fazem parte desse ciclo.*

* Principalmente quando você assiste a *Em busca do vale encantado*.

As mesmas moléculas de água têm passado pelo mesmo ciclo há bilhões de anos. É muito provável que praticamente todas as moléculas de água do seu copo tenham, hã... passado por um dinossauro e incontáveis outras formas de vida antes dele.

É melhor você não beber isso.

Toda forma de vida (incluindo você) é parte do ciclo da água. Enquanto houver vida no seu corpo, haverá fluxo de água também.

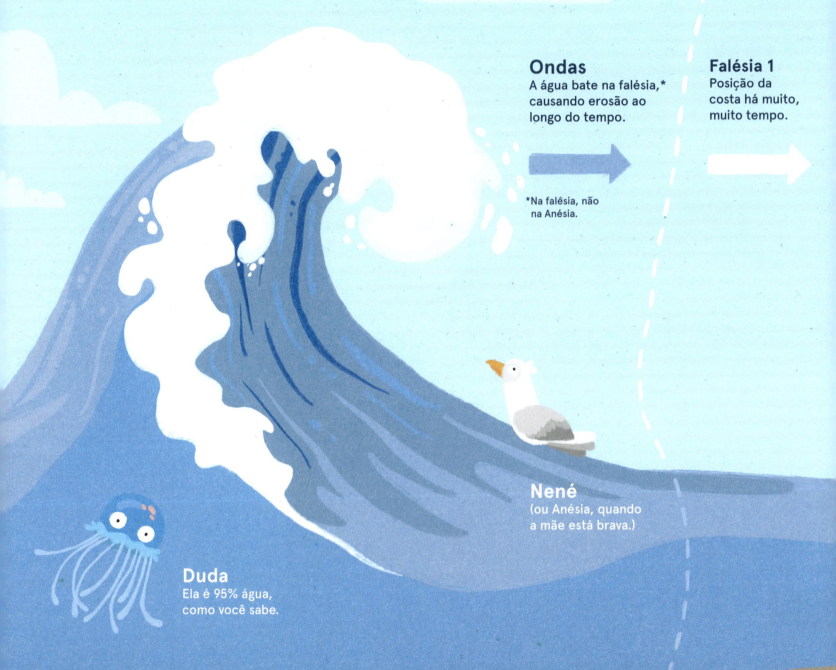

O movimento contínuo da água forma o mundo à nossa volta. Córregos, rios, vales, lagos e continentes inteiros são moldados por sua ação paciente e constante.

Ondas
A água bate na falésia,* causando erosão ao longo do tempo.

*Na falésia, não na Anésia.

Falésia 1
Posição da costa há muito, muito tempo.

Nené
(ou Anésia, quando a mãe está brava.)

Duda
Ela é 95% água, como você sabe.

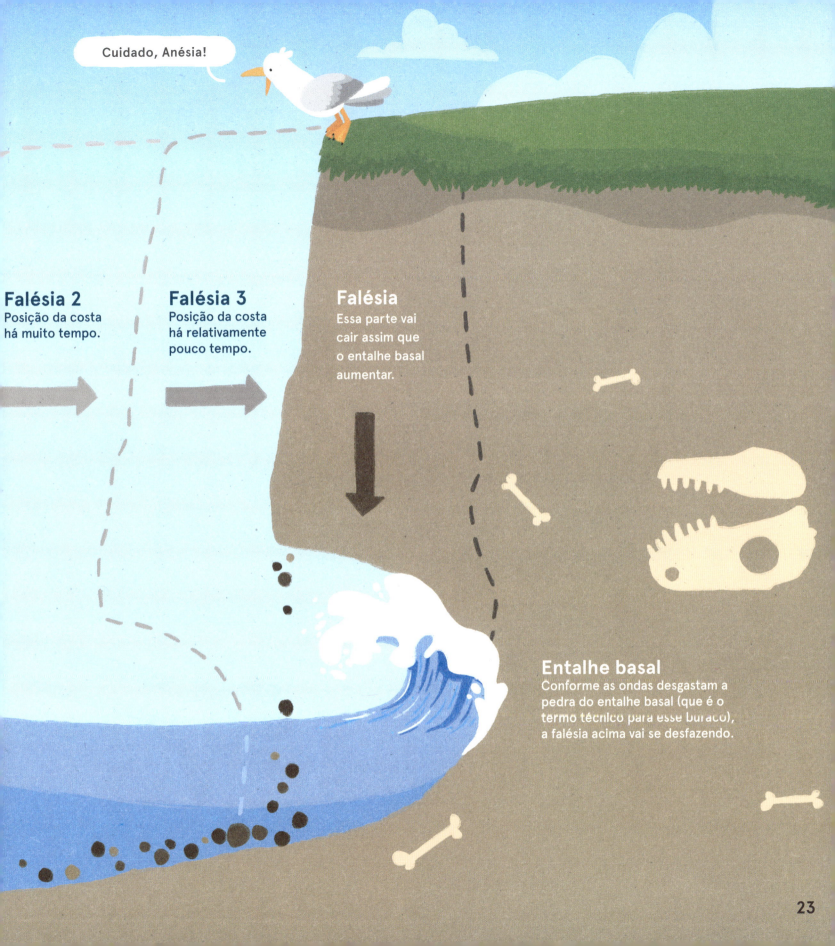

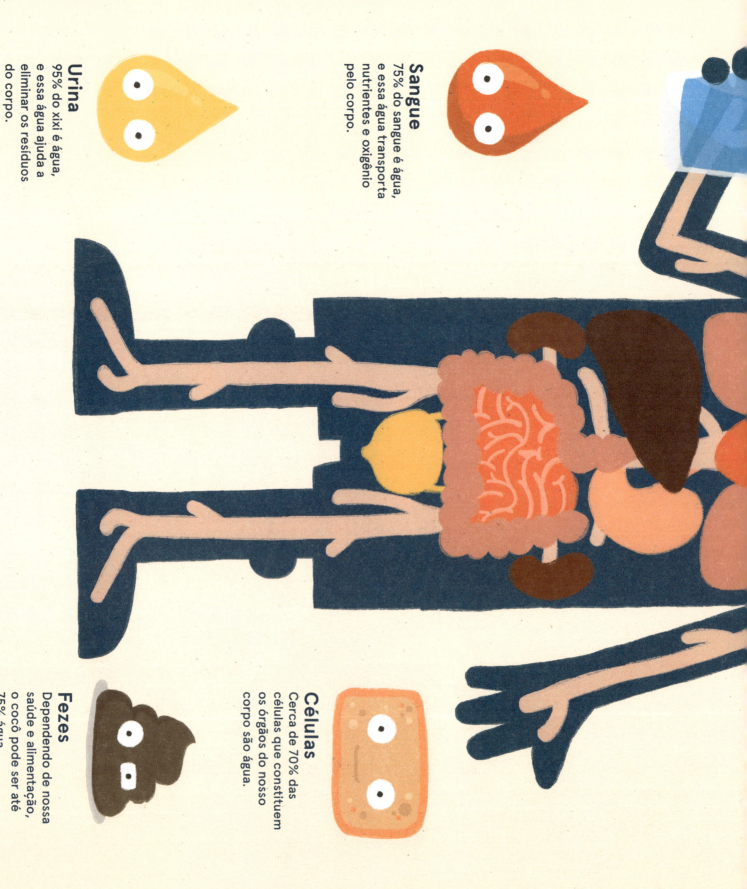

Sangue
75% do sangue é água, e essa água transporta nutrientes e oxigênio pelo corpo.

Urina
95% do xixi é água, e essa água ajuda a eliminar os resíduos do corpo.

Células
Cerca de 70% das células que constituem os órgãos do nosso corpo são água.

Fezes
Dependendo de nossa saúde e alimentação, o cocô pode ser até 75% água.

Ao longo da vida, nós, seres humanos, perdemos litros de água por dia através de xixi, cocô, suor e respiração (e lágrimas, se ralamos o joelho). Repomos essa água perdida através da ingestão de comida e bebida, para que nosso fantástico corpo possa continuar fazendo o que faz:

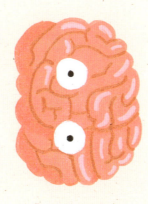

Cérebro
A água leva oxigênio e nutrientes essenciais ao nosso cérebro sempre ocupado, além de formar a camada protetora em volta dele.

Respiração
Todos exalamos cerca de um copo de água por dia!

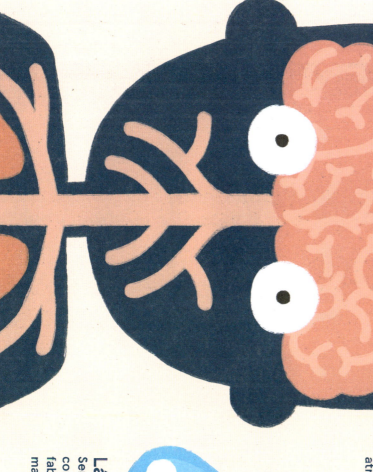

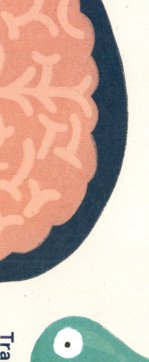

Transpiração
A água ajuda a regular a temperatura corporal através do suor.

Lágrimas
Sem nem piscar, o corpo usa água para fabricar lágrimas e manter a visão clara.

Seguindo as leis da natureza, a água líquida sempre vai fluir para o ponto mais baixo que encontrar. Assim, ela ajuda as menores e mais modestas formas de vida a crescer. Essas formas de vida, por sua vez, ajudam seres maiores a sobreviver e se desenvolver.

A água está em toda a nossa volta: acima, abaixo e dentro de todos nós. Não estaríamos aqui se não fosse por ela. Podemos mesmo dizer que *somos* água (principalmente quem tomou sopa no almoço). E, às vezes, ser parecido com a água traz algumas vantagens...

A água nos lembra de que tudo muda, tudo flui, o tempo todo.
Com a mente aberta, podemos nos adaptar e aproveitar
ao máximo nosso tempo na Terra.

Como a água, devemos fazer nosso melhor para ajudar todos à nossa volta a viver e crescer (especialmente os pequenos).

Toda a vida terrestre é conectada pela água. Isso nos lembra de que somos parte de algo muito maior, mais antigo e maravilhoso.

Em qualquer situação em que você se encontre, é sempre bom inspirar-se no modo de ser da água e...

... seguir o fluxo.

Esta obra não tem pretensões didáticas. Ela busca incitar sua curiosidade
para que você procure saber um pouco mais sobre a água, seu ciclo,
suas moléculas, o gelo, o vapor, os rios, os mares, o suor, o xixi,
o corpo e... bem, o que mais você quiser descobrir, investigar e aprender
sobre nós e este mundo muitas vezes molhado que nos nutre e nos abriga!

SOBRE O AUTOR E ILUSTRADOR

Philip Bunting cresceu na Inglaterra, mas mudou-se para a Austrália aos vinte e poucos anos. O autor e ilustrador publicou seu primeiro livro em 2017. Hoje, tem obras traduzidas para diversos idiomas e publicadas em mais de 30 países. Muitas delas receberam premiações de instituições do livro, como a Kate Greenaway Medal, da Inglaterra, e o Children's Book Council, da Austrália. Bunting acredita que, quanto mais divertidas forem as leituras da primeira infância, maiores serão as chances de a criança desenvolver suas habilidades leitoras para, no futuro, encarar a leitura e o aprendizado como atividades prazerosas e significativas.

SOBRE A TRADUTORA

Lígia Azevedo bebe pelo menos dois litros de água por dia e sempre se lembra de fechar a torneira enquanto escova os dentes. É formada em Jornalismo pela Universidade de São Paulo, pós-graduada em Língua Inglesa e Literaturas pela Universidade Presbiteriana Mackenzie e estudou edição de livros na Espanha, com bolsa da Fundación Carolina. Traduziu mais de oitenta livros, incluindo *Malala: Minha história em defesa dos direitos das meninas* (Seguinte), de Malala Yousafzai, e *Ninguém é pequeno demais para fazer a diferença* (Companhia das Letrinhas), de Greta Thunberg.